Deportes espectaculares

El boliche

Descomponer números del 1 al 10

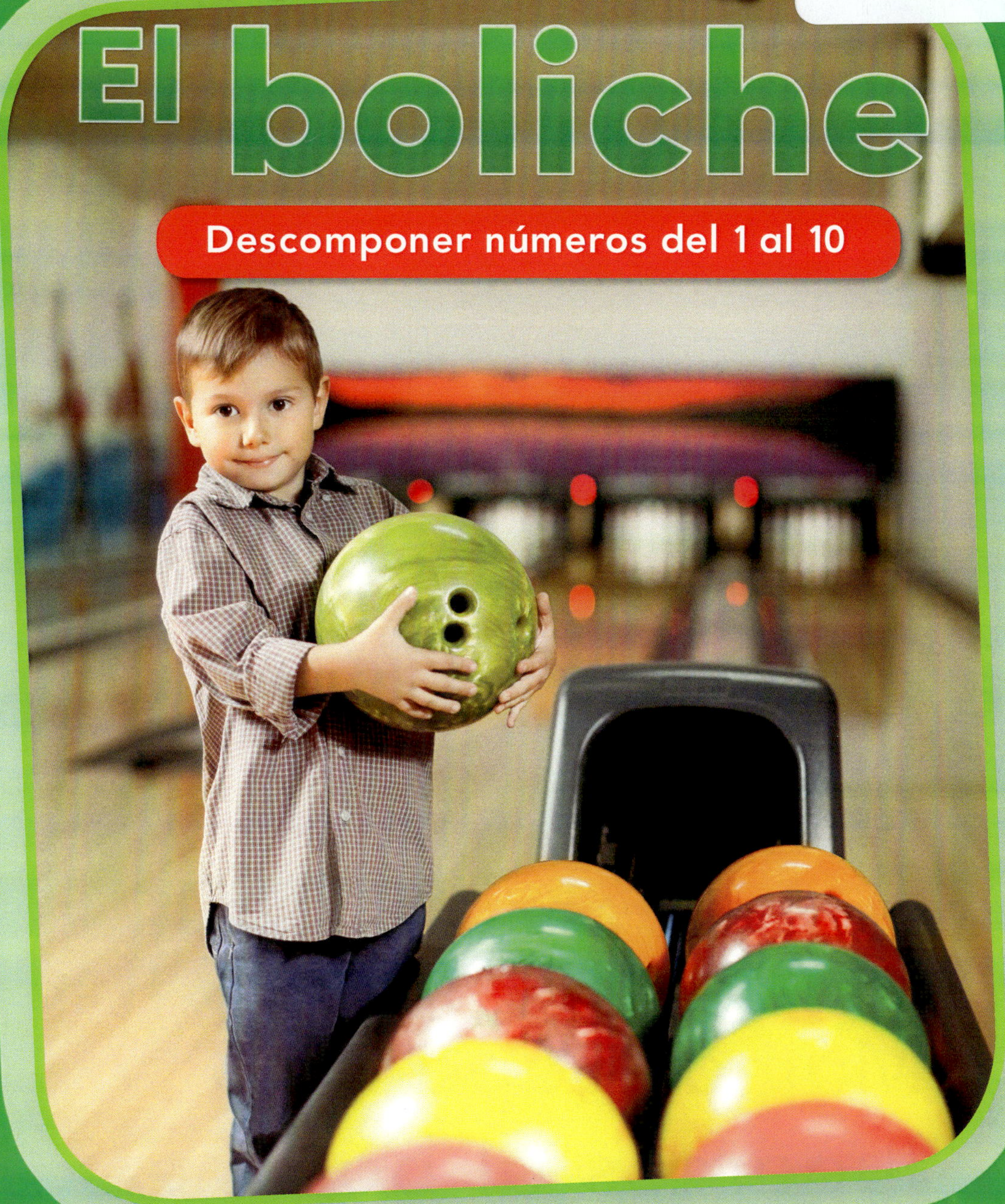

Linda Claire

Mamá, papá y yo
jugamos al boliche.

¡Es divertido!

Hay 10 bolos.

Hay 1 bola.

Yo voy primero.

Lanzo la bola.

¡2 bolos caen!

Quedan 8 bolos.

Todavía es mi turno.

Lanzo la bola de nuevo.

¡5 bolos caen!

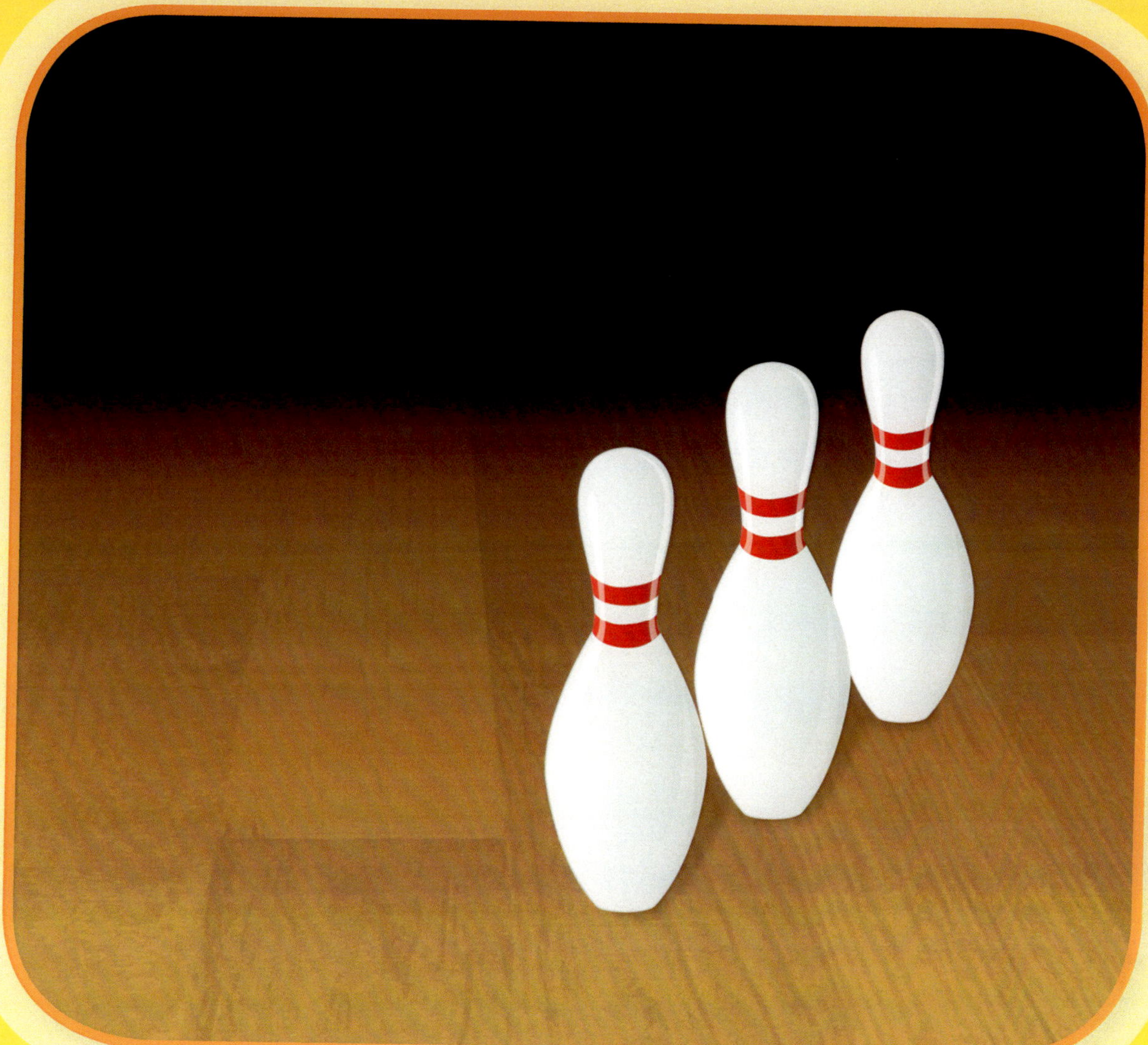

Quedan 3 bolos.

Los bolos se colocan de nuevo.

Lanzo la bola.
¡Pleno!

Resolución de problemas

Es el turno de papá. Tiene 2 turnos para lanzar la bola. ¿De cuántas maneras puede derribar 10 bolos? Usa objetos o haz dibujos para mostrar las distintas maneras.

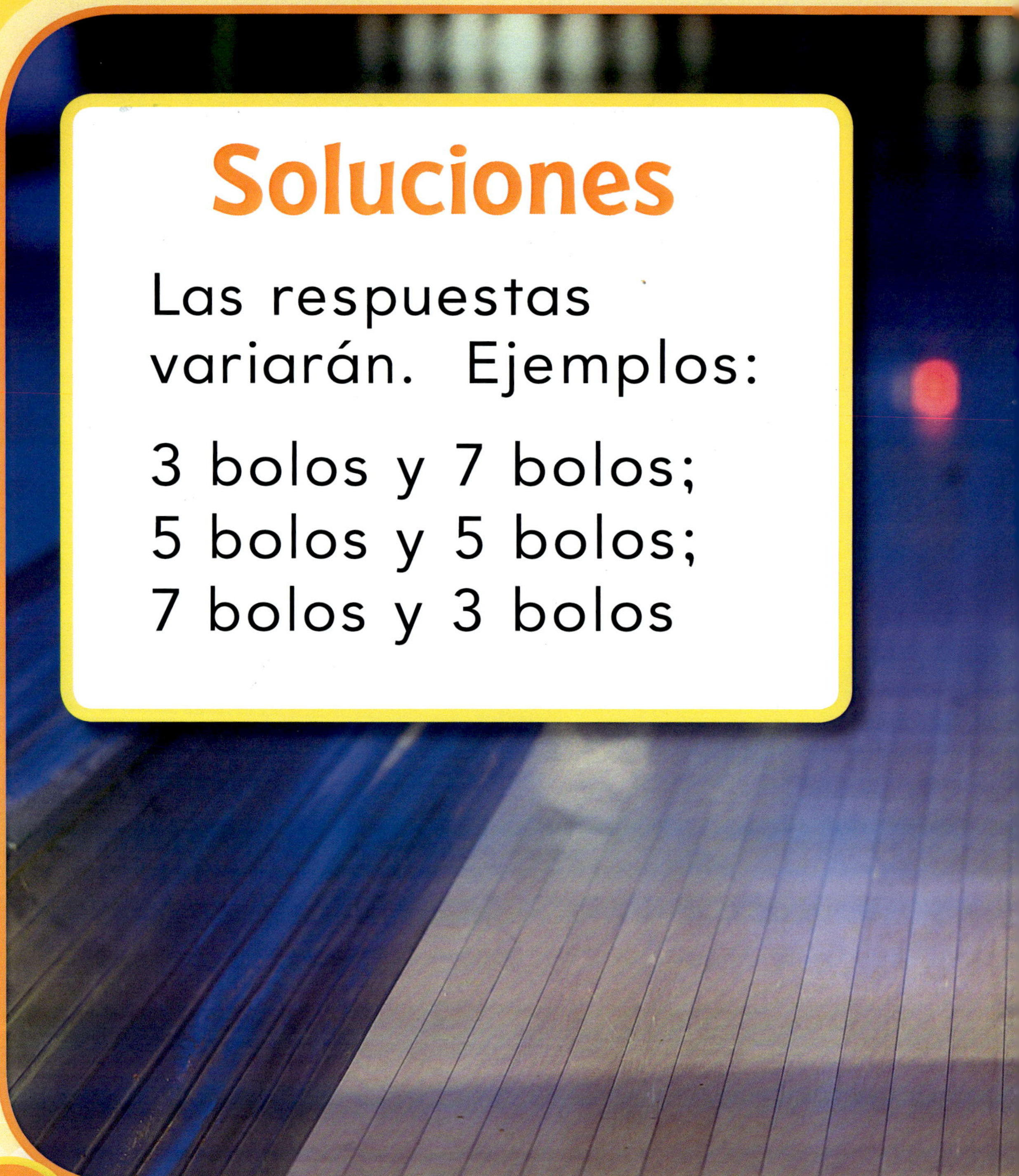

Soluciones

Las respuestas variarán. Ejemplos:

3 bolos y 7 bolos;
5 bolos y 5 bolos;
7 bolos y 3 bolos

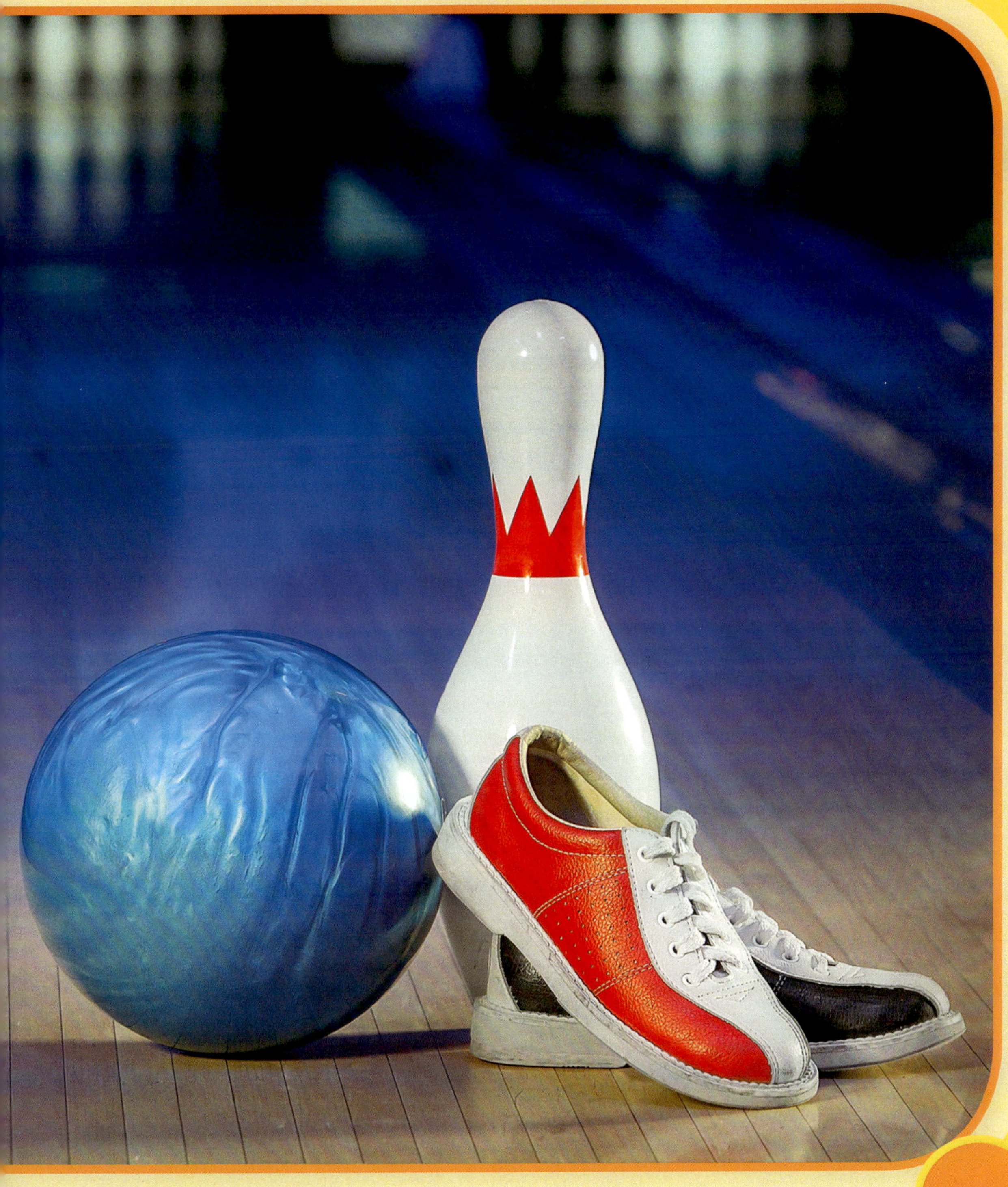

Asesoras

Nicole Belasco, M.Ed.
Maestra de jardín de niños, Distrito Escolar Colonial

Colleen Pollitt, M.A.Ed.
Maestra de apoyo de matemáticas, Escuelas Públicas del Condado de Howard

Créditos de publicación

Rachelle Cracchiolo, M.S.Ed., *Editora comercial*
Conni Medina, M.A.Ed., *Redactora jefa*
Dona Herweck Rice, *Realizadora de la serie*
Emily R. Smith, M.A.Ed., *Realizadora de la serie*
Diana Kenney, M.A.Ed., NBCT, *Directora de contenido*
June Kikuchi, *Directora de contenido*
Véronique Bos, *Directora creativa*
Robin Erickson, *Directora de arte*
Caroline Gasca, M.S.Ed, *Editora superior*
Stacy Monsman, M.A.Ed., *Editora*
Karen Malaska, M.Ed., *Editora*
Michelle Jovin, M.A., *Editora asociada*
Sam Morales, M.A., *Editor asociado*
Fabiola Sepúlveda, *Diseñadora gráfica*
Jill Malcolm, *Diseñadora gráfica básica*

Créditos de imágenes: Todas las imágenes provienen de iStock y/o Shutterstock.

Library of Congress Cataloging-in-Publication Data

Names: Avery, Logan, author.
Title: Deportes espectaculares. El boliche : descomponer numeros del 1 al 10 / Logan Avery.
Other titles: Spectacular sports. Bowling. Spanish | Boliche
Description: Huntington Beach, CA : Teacher Created Materials, Inc., [2020] | Series: Mathematics readers | Audience: K to grade 3. |
Identifiers: LCCN 2018052850 (print) | LCCN 2018055005 (ebook) | ISBN 9781425822934 (eBook) | ISBN 9781425828318 (pbk. : alk. paper)
Subjects: LCSH: Bowling--Juvenile literature. | Counting--Juvenile literature.
Classification: LCC GV903.5 (ebook) | LCC GV903.5 .C5518 2020 (print) | DDC 796.358/22--dc23
LC record available at https://lccn.loc.gov/2018052850

Teacher Created Materials
5301 Oceanus Drive
Huntington Beach, CA 92649-1030
www.tcmpub.com

ISBN 978-1-4258-2831-8